Javier Alberto Bernal Ruiz

JUEGOS Y EJERCICIOS DE MALABARES

WANCEULEN
EDITORIAL DEPORTIVA, S.L.

Título: **JUEGOS Y EJERCICIOS DE MALABARES**
Autor: Javier Alberto Bernal Ruiz
Ilustraciones: Javier Alberto Bernal Ruiz
Ilustración de Portada: Dibujo original de Manuel Mateo Torés
Editorial: **WANCEULEN EDITORIAL DEPORTIVA, S.L.**
C/ Cristo del Desamparo, 56   41006   SEVILLA
Tlfs. (95) 465 66 61 y 492 15 11 - Fax: (95) 492 10 59

I.S.B.N.:   84-95883-49-X
Dep. Legal:
©**Copyright: WANCEULEN EDITORIAL DEPORTIVA, S.L.**
Primera Edición: Año 2003
Impreso en España:

Reservados todos los derechos. Queda prohibido reproducir, almacenar en sistema de recuperación de la información y transmitir parte alguna de esta publicación, cualquier que sea el medio empleado (electrónico, mecánico, fotocopia, impresión, grabación, etc) sin el permiso previo de los titulares de los derechos de propiedad intelectual.

ÍNDICE

INTRODUCCIÓN. 8

1. PINCELADAS HISTÓRICAS 11

2. CONSTRUCCIÓN DE MATERIALES PARA REALIZAR
   MALABARES 12

3. EJERCICIOS DE MALABARES CON POMPONES O BOLAS 18

4. EJERCICIOS DE MALABARES CON BALONES DE
   DIFERENTES TAMAÑOS 29

5. EJERCICIOS DE MALABARES CON BALONES DE
   BALONCESTO 53

6. EJERCICIOS DE MALABARES CON PICAS O MAZAS 62

7. EJERCICIOS DE MALABARES CON CUERDAS 69

8. EJERCICIOS DE MALABARES CON TACOS DE MADERA 74

9. EJERCICIOS DE MALABARES CON AROS 76

10. EJERCICIOS DE MALABARES CON TELAS Y TOALLAS 80

11. EJERCICIOS DE MALABARES CON PALAS 83

12. EJERCICIOS DE FOOTBAG 87

13. EJERCICIOS DE MALABARES CON CARIOCAS 91

14. EJERCICIOS DE MALABARES CON GLOBOS 94

15. ORGANIZACIÓN DE GRANDES EVENTOS 94

BIBLIOGRAFÍA 100

INTRODUCCIÓN

Bienvenidos al fascinante mundo de los malabares. Preste mucha atención, porque las actividades que le presentamos en este texto se pueden convertir en un recurso muy útil para sus clases de Educación Física, su taller de juegos, e incluso podrá aplicarlas en otras situaciones de ocupación del tiempo libre como convivencias, jornadas, o campamentos, ya que se trata de ejercicios que, por su novedad y dificultad, facilitan que los alumnos se muestren muy interesados hacia su práctica.

Además, para seguir las pautas de los manuales de nuestra autoría, se han organizado las actividades, en primer lugar, por los elementos que utilizaremos para hacer los malabares (bolas, pelotas, mazas, diábolos, cariocas, bloques de madera...) y, en segundo lugar, dentro de cada capítulo, por el nivel de dificultad de las mismas, apareciendo en progresión de menor a mayor, de modo que la enseñanza pueda adaptarse al nivel de cada alumno o de cada grupo de alumnos, dependiendo de si nuestro estrategia de enseñanza va a ser "individualizada" o por "grupos de nivel".

Tras una breve información acerca de la historia de los malabares en el primer capítulo, hemos incluido un segundo destinado a la fabricación de nuestros propios materiales de juego. La razón principal que nos lleva a construir los elementos que utilizaremos en las actividades es que los alumnos adquieren un mayor grado de responsabilidad sobre los mismos, al haber conocido de primera mano "el trabajo que cuesta hacerlos". Así evitamos que las roturas de, por ejemplo, las mazas, sean porque un alumno las ha golpeado contra la pared precisamente con el deseo de romperlas (con lo que tendría que fabricar unas nuevas). Es evidente que los materiales se deterioran con su uso, sobre todo el material de desecho que aquí les enseñamos a elaborar, pero, teniendo en cuenta la duración de una unidad didáctica o un bloque de actividades de este tipo en nuestra programación anual, el elemento que vamos a fabricar tiene la suficiente "vida" como para no tener que disponer de un número amplio de ejemplares.

En el resto de capítulos el lector encontrará un repertorio de juegos de cada elemento con el que vamos a hacer malabares. En líneas generales son:

- o Malabares con Pompones o Bolas: es el más clásico de todos los malabares y, por tanto, el más practicado. Su objetivo es mantener un número de bolas o pompones en el aire haciendo diferentes figuras con ellos, permitiéndose golpeos con cualquier parte del cuerpo aunque el movimiento principal lo realicen las manos.

- Malabares con Balones de diferentes tamaños: golpeos, lanzamientos, recepciones, atrapes, todo ello combinado y ejecutado en grupos, tríos, parejas, o individualmente.

- Malabares con Balones de Baloncesto: a diferencia del capítulo anterior, los balones de baloncesto tienen la particularidad de que botan bastante y son más duros, por lo que los ejercicios varían enormemente.

- Malabares con Picas o Mazas: es otro de los clásicos del malabarismo, con el mismo objetivo que los pompones pero con la dificultad de ir girando las mazas.

- Malabares con Cuerdas: bailar la cuerda y saltar la comba en diferentes posiciones y hacia diferentes direcciones.

- Malabares con Tacos de Madera: básicamente dos tacos de madera atrapan al tercero e intercambian sus posiciones, pero... todo se puede complicar.

- Malabares con Aros: giros, giros, y más giros sobre cualquier parte del cuerpo, todo combinado con lanzamientos y recepciones que nos recuerdan algo a la gimnasia artística.

- Malabares con Telas y Toallas: no tires esa toalla antigua ni esa camiseta rota, seguro que en este capítulo le encuentras una utilidad.

- Malabares con Palas: ¿pasarse una pelota de un jugador a otro?, eso es tenis, aquí se utilizan dos y tres bolas a la vez, el jugador gira y golpea con efecto.

- Footbag: lo último de lo último en malabares. El objetivo es golpear una pelota con diferentes partes del cuerpo y dar el mayor número posible de golpes, mantenerla el máximo de tiempo en el aire, o hacer las coreografías más espectaculares.

- Malabares con Cariocas: en estos días es la moda en el mundo del malabarismo. Una cadena o cuerda y, en su extremo una bola cuyo peso la ayuda a girar a grandes velocidades. También las hay de fuego... pero eso se nos escapa de las manos.

- Malabares con Globos: de lo más relajado, pesan poco y se mueven lento.

Como habrá podido observar, los malabares no son solamente los pompones y mazas como los de la Edad Media, cuando los bufones y trovadores hacían sus espectáculos por las ciudades. En la actualidad existen un mayor número de elementos que se comercializan con éxito, y a éstos nosotros les hemos sumado otros específicos de nuestra materia que utilizamos de forma alternativa.

En las últimas páginas de este libro, correspondiéndose con el último capítulo, hemos querido ofrecerle una propuesta práctica de tres actividades mucho más globales en las que se tiene como idea central el malabarismo. "El Circo", "Campeonatos Universales de Malabarismo", y "MiniOlimpiada", son los títulos de estas actividades que bien podrían ejecutarse como última sesión de la unidad didáctica o del taller que nos ocupa, así como ser utilizadas para una representación ante la visita de los padres de los alumnos.

Esto tan sólo son ideas ya practicadas que sirven, sin duda, como base, pero echándole imaginación al asunto seguro que se consiguen más ejercicios, juegos y actividades de mayor dificultad. Le animamos a seguir descubriendo las posibilidades del malabarismo, y esperamos que nuestra propuesta le sirva tanto para aprender como para enseñar.

Javier Bernal

1. PINCELADAS HISTÓRICAS

El malabarismo ha aparecido desde las civilizaciones más antiguas como actividades pertenecientes a rituales (Egipto, China, Mesopotamia) y más tarde como espectáculo de entretenimiento (Roma, Grecia...), siendo la representación más antigua de la que tengamos referencia la aparecida en la tumba del Vigésimo Quinto faraón egipcio Benni Hassan, y que data del 1994-1781 a. de C.

La época dorada del malabarismo fue sin duda alguna la edad media, en la que el bufón realizaba este tipo de ejercicios para entretener y divertir a la corte durante las comidas y fiestas multitudinarias.

También los grupos de artistas que iban de ciudad en ciudad con sus espectáculos incluían números arriesgados de malabarismo con antorchas encendidas, espadas, etc., para obtener mayor atención y dinero de los espectadores, aunque lo más común era la utilización de mazas, pelotas y aros.

En la actualidad el malabarismo no es un deporte reglado para competición. Aunque éstas existan no se mantienen con frecuencia ni se han establecido campeonatos nacionales, internacionales o mundiales, limitándose las exhibiciones a intentos de récord del mundo ya establecidos.

¿Qué es el malabarismo?

El objetivo del malabarismo es mantener un número determinado de objetos en movimiento en el aire a través de recepciones y lanzamientos con cualquier parte del cuerpo de forma coordinada. Las características principales de estos movimientos son su dificultad y espectacularidad, de modo que un lanzamiento de una pelota de fútbol hacia arriba no se consideraría malabarismo, pues cualquier persona puede ejecutarlo sin entrenamiento alguno, pero si a esta acción le unimos una recepción por la espalda sin mirar y un pase seguido por debajo de las piernas a un compañero, estaríamos ante un buen manipulador de ese objeto y por tanto ante un acto de malabarismo.

2 CONSTRUCCIÓN DE MATERIALES PARA REALIZAR MALABARES

En el mercado han proliferado numerosas marcas de material alternativo para escuelas y actividades en el tiempo libre, y para el malabarismo nos ofrecen desde pelotas de goma espuma hasta pompones de goma o pelotas de cuero.

En un taller como el que nos ocupa nos interesa fabricar nuestros propios materiales porque, además de darle la forma, diseño, tamaño y peso que deseemos, el alumno presenta un grado mayor de responsabilidad hacia la utilización del mismo (si es mío y he invertido tiempo en fabricarlo voy a cuidarlo para que no se rompa). Además, para desarrollar todas las actividades que aparecen en este manual necesitamos una gran cantidad de material, y comprarlo nuevo supondría un gasto que pocos centros o asociaciones se pueden permitir.

A continuación le facilitamos los pasos a seguir para construir algunos de los elementos que aparecerán en nuestra propuesta.

CONSTRUCCIÓN DE BOLAS.

Para construir una bola de malabares proponemos el siguiente material (lo multiplicaremos por tres, ya que debemos fabricar tres bolas):

- o 3 globos de diferentes colores,
- o 100 gr. de arroz, lentejas, o alpiste,
- o un embudo,
- o papel adhesivo,
- o 1 bolígrafo o vara fina, y
- o unas tijeras.

Para construir una bola seguiremos los siguientes pasos:

1º. Insertamos el embudo en uno de los globos y comenzamos a llenarlo de arroz, lentejas, o cualquier otro material que hayamos elegido; lo empujaremos hacia el interior del globo con un bolígrafo o una vara fina. Otro método es, una vez lleno el globo, inflarlo un poco y soltar el aire cuidadosamente.

2º. Cuando tengamos la bola construida le cortaremos la boquilla al globo y pegaremos el hueco que nos queda con papel adhesivo.

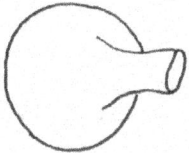 

3º. A continuación envolvemos la bola en otro de los globos, realizando la misma operación de cortar y pegar la boquilla.

4º. Por último repetimos el paso anterior con un tercer globo, lo que nos dará una bola resistente y firme.

Diseño de lunares.

1º. Repetiremos los dos primeros pasos, es decir, llenar el primer globo, cortarle la boquilla y pegar el hueco con cinta adhesiva.

2º. Cogemos el segundo y tercer globo y les vamos cortando pequeños trozos con el diseño que queramos, envolviendo después el primer globo en ellos.

Diseño de gajos.

Para esto necesitamos, además de lo anterior, tiras de cuero cortadas como "gajos de naranja", tantas como colores le queramos poner a las bolas.

1º. Construimos las bolas con tres globos.

2º. Cortamos "gajos de cuero" con el mismo tamaño de la mitad de la bola y los pegamos o los cosemos haciendo una especie de funda.

CONSTRUCCIÓN DE PICAS.

Para construir una pica y realizar los ejercicios de malabares que proponemos en el capítulo 6 necesitamos:

- o 1 Lija o Lima.
- o 1 Palo de escoba viejo.
- o 1 Segueta o Serrucho.
- o Pintura de Colores y una Brocha o Cinta Adhesiva de colores.

1º Corta la escoba con mucha precaución en bastones de 30 – 40 cm. aproximadamente.

2º Lija los extremos, de modo que no quede ninguna astilla ni arista con la que nos podamos lesionar en las manos.

3º Señala con una regla el punto medio de cada pica y...

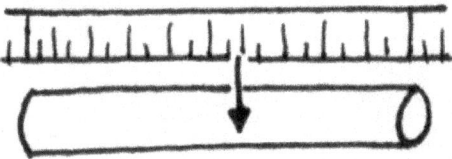

4º Pinta cada mitad de un color diferente, así podrás aprender más fácilmente los giros de la pica. Variante: utiliza la cinta adhesiva para decorar cada lado de la pica enrollándola sin que queden huecos libres.

COSTRUCCIÓN DE MAZAS.

Para su construcción necesitamos:

- o   1 Botella de refresco de 0,5 L.
- o   Cinta Adhesiva.
- o   1 Pliego de esponja o de papel de burbuja del que se utiliza para embalaje.
- o   1 Trozo de pica de unos 30 – 40 cm. como el que hemos fabricado en el apartado anterior y que hemos sacado de un palo de escoba o de fregona antiguo.

Y seguiremos los siguientes pasos.

1º Rodea el palo con el pliego de esponja y fíjalo con un poco de cinta adhesiva.

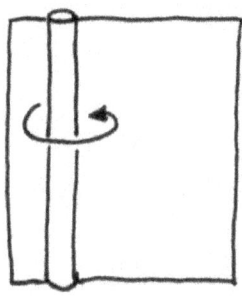 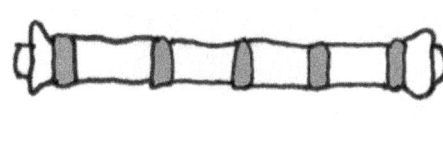

2º Inserta la pica en la botella de refresco (a lo mejor tienes que hacer algo de presión) hasta que toque el fondo.

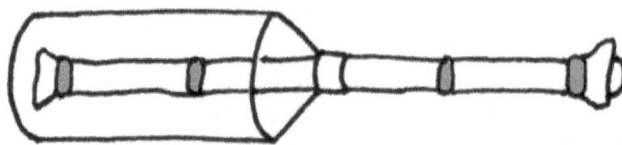

3º Fija la boquilla de la botella a la pica rodeándola con cinta adhesiva.

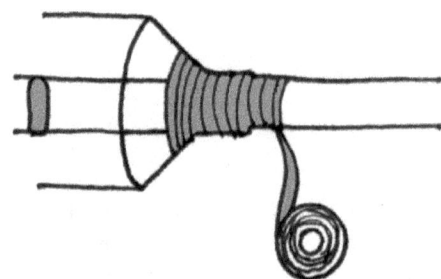

4º La misma cinta adhesiva nos servirá para decorar la maza. Iremos rodeando tanto el palo como la botella hasta cubrirlas completamente. Si quieres puedes utilizar cintas de diferentes colores para obtener diseños más llamativos.

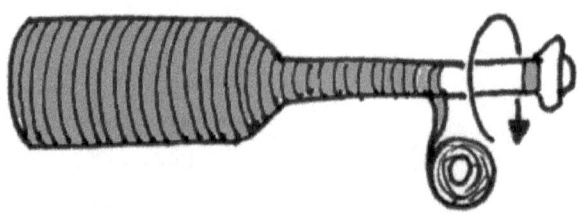

CONSTRUCCIÓN DE CARIOCAS.

Una forma sencilla de fabricarnos unas cariocas es utilizando:

- 1 Pelota de tenis.
- 1 Par de calcetines tipo "ejecutivos", esos finos que se parecen a las medias. Unos Pantys también nos pueden servir.

1º Mete la pelota de tenis dentro del calcetín.

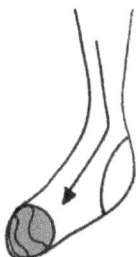

2º Haz un nudo justo encima de la bola para que ésta no pueda salirse por arriba ni moverse.

3º Puedes decorar tus cariocas pegándole unos flecos en el extremo donde está la bola, de este modo los movimientos serán más vistosos.

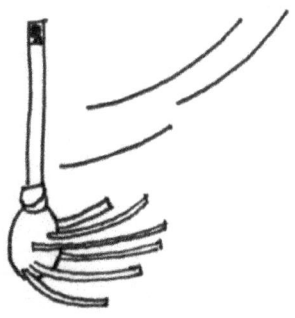

3 EJERCICIOS DE MALABARES CON POMPONES Y BOLAS

Columns (Columnas). Mantener dos bolas en el aire impulsándolas con la misma mano de forma alternativa. Columna Lateral: las bolas describen trayectorias paralelas hacia arriba.

Columna hacia delante: las bolas se lanzan una delante y la otra atrás de forma alternativa como muestra la ilustración.

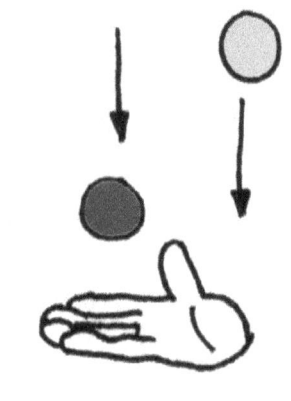

Columna Circular hacia adelante: las bolas se mueven formando un círculo desde nosotros hacia el frente.

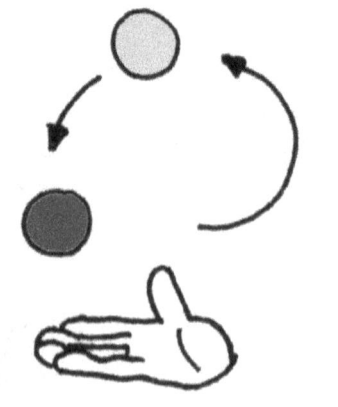

Columna Circular hacia atrás: forman un círculo moviéndose desde fuera hacia nosotros.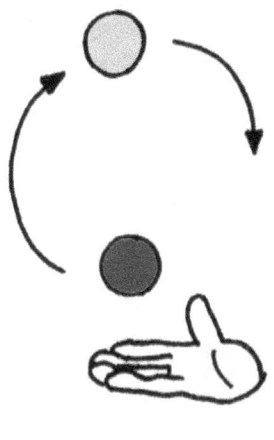	Columna Circular hacia los lados: las bolas forman círculos de izquierda a derecha y viceversa.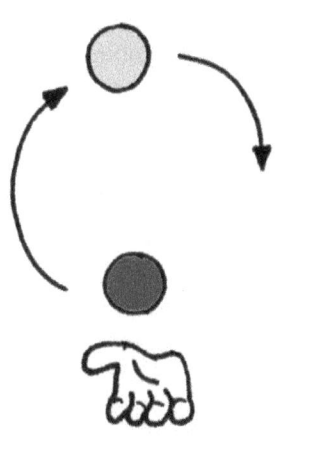
Columna de tres bolas. Mientras dos bolas están en el aire, la tercera está en una de las manos. Tras lanzar la tercera al aire recibimos las otras dos una en cada mano.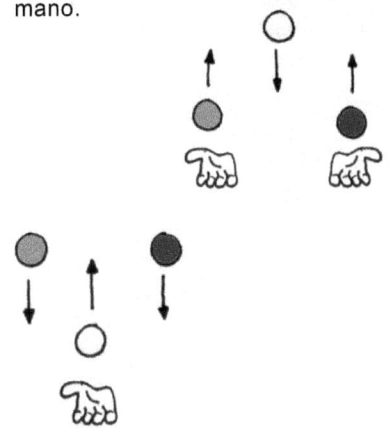	Igual que el ejercicio anterior, pero esta vez las dos bolas de la izquierda se mueven a la vez y la situada más a la derecha es la que va en sentido contrario.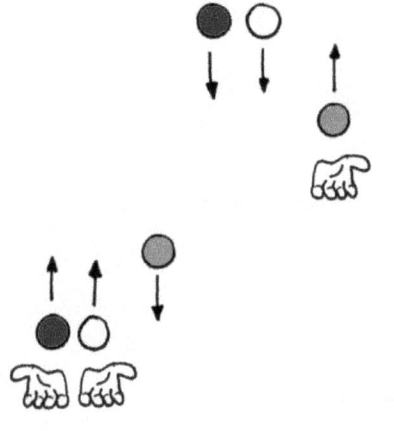

Imaginar que hay un cuadrado delante nuestra y lanzar una bola desde una mano hacia la esquina contraria, recogiéndola con la otra mano. Es muy importante practicar con ambas manos.

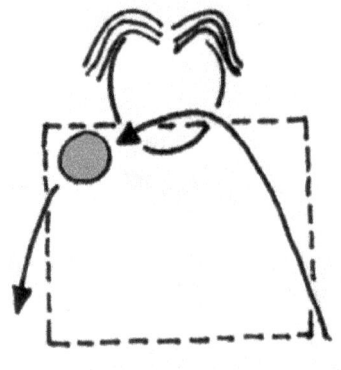

Con una bola en cada mano. Lanzamos una hacia la mano contraria siguiendo las consignas del ejercicio anterior; cuando vaya a caer enviaremos la bola que está parada hacia la mano inicial, quedando al final las bolas paradas una en cada mano.

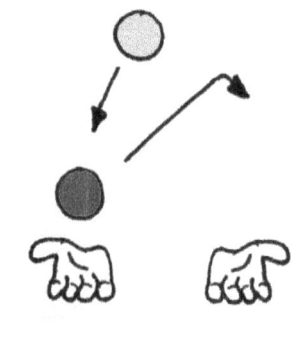

Dos bolas en una misma mano. Lanzamos una bola detrás de la otra, realizando un movimiento continuo, como si lanzásemos y recogiésemos dos veces seguidas.

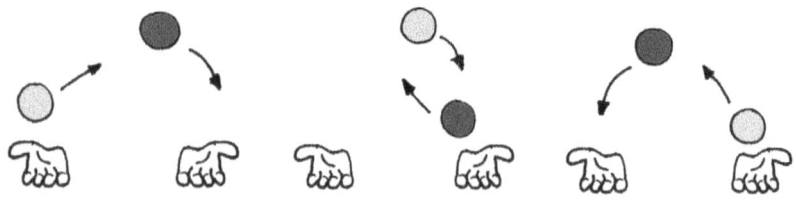

Cascade (Cascada). Con tres bolas. Lanzar una de las bolas de la mano donde hay dos (1) hacia la mano contraria (2). Cuando vaya a caer lanzamos la de la mano 2 hacia la 1, y así sucesivamente. Al principio es necesario lanzar las bolas un poco alto y exagerar los gestos, pero poco a poco el movimiento será más fluido.

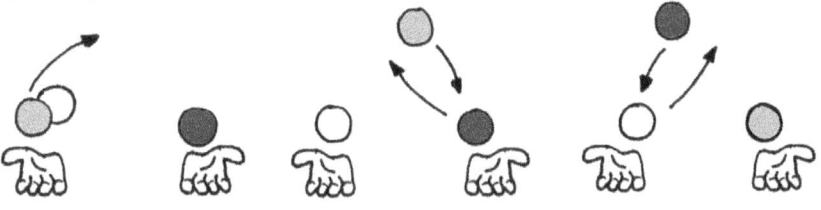

Cascada Ancha. Mover tres bolas en forma de cascada e ir alejando progresivamente las manos, de modo que los lanzamientos sean cada vez más planos.

Cascada Alta. Mover tres bolas en forma de cascada e ir lanzándolas cada vez más alto.

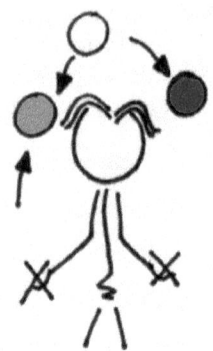
Flash de Cascada. Un flash consiste en mover todas las bolas a la vez, existiendo un momento en el que ninguna está en contacto con ninguna mano. Este truco reconsigue lanzando las bolas en las misma dirección pero más rápido y a mayor altura.

Reverse Cascade (Cascada al revés). Es el movimiento inverso a la cascada, es decir, en vez de cruzar las bolas en el centro de abajo a arriba, se cruzan de arriba abajo, por eso es preciso aprender primero a ejecutar las columnas circulares hacia ambos lados.

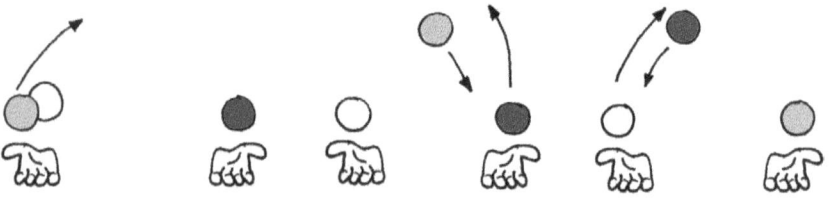

Dos bolas en una mano. Lanzar una hacia arriba y la otra, por fuera, hacia la mano contraria. Recibir la bola que llega. Practicar también realizando el movimiento de forma fluida.

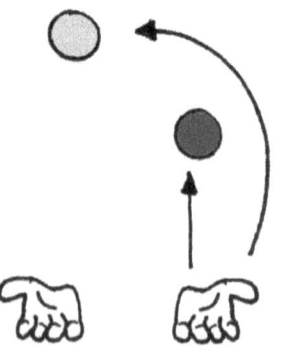

Tennis (Tenis). Es una mezcla entre cascada y columna. Consiste en lanzar dos bolas, una hacia arriba (columna lateral) y otra hacia la mano contraria por fuera (columna circular hacia un lado). El movimiento se repite en la mano contraria, lanzando la bola que tenemos hacia arriba, y recibiendo y lanzando la que nos llega por fuera.

A modo de variante, en vez de lanzar las bolas hacia arriba las cruzaremos en el centro como si fuese una cascada. Este truco recibe el nombre de "juggle tennis".

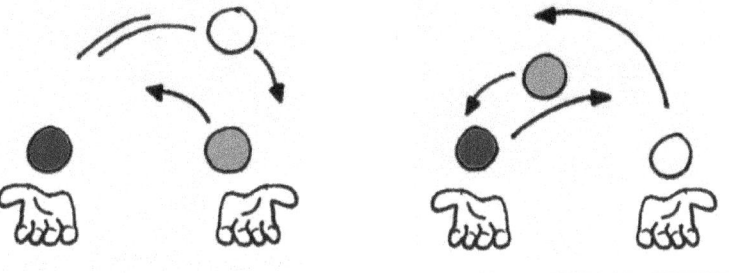

Lanzar una bola por la espalda y recogerla con la mano contraria. Practicar con ambas manos.

Lanzar una bola y recogerla con la misma mano. Practicar con ambas manos.

Mover tres bolas a forma de cascada y, en cualquier momento, lanzar una por la espalda, recogiéndola con la misma mano o la contraria.

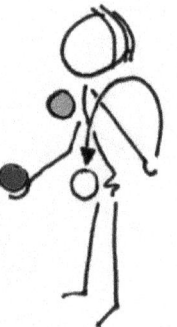

Lanzar una bola por debajo de la pierna y recogerla con la mano contraria. Practicar con ambas manos.

Mover tres bolas a forma de cascada y, en cualquier momento, lanzar una por debajo de la pierna y continuar el movimiento.

Golpeos. Consiste en lanzar una bola hacia cualquier parte del cuerpo. golpearla, y recibirla con las manos. Existen tantos golpeos como nos imaginemos: con los pies, rodillas, manos, hombros... Lanzar una bola hacia el pie, golpearla y recibirla con una mano.

Mover tres bolas a forma de cascada, dejar caer una para golpearla con el pie y seguir con la cascada.

Con dos bolas. Lanzar una tras la otra y recibirla con la mano contraria.

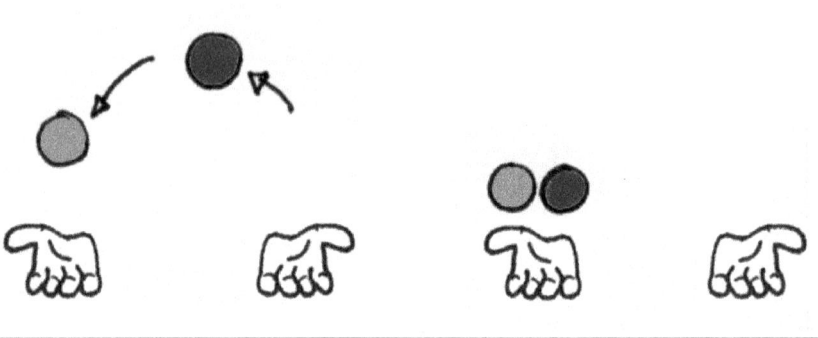

Dos bolas en una misma mano. Lanzamos una bola detrás de la otra haciendo un círculo con un movimiento continuo, como si lanzásemos y recogiésemos dos veces seguidas.

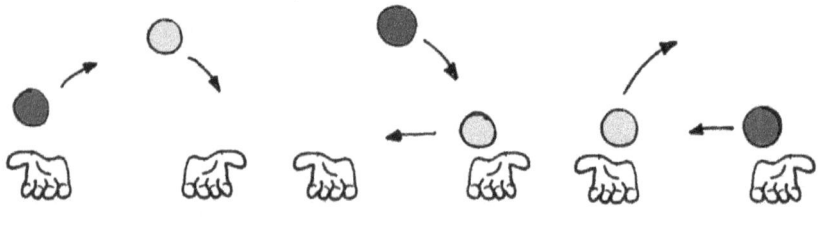

Shower (Ducha). Con tres bolas. Como en el ejercicio anterior, pero añadimos el lanzamiento casi plano de una bola hacia la mano contraria justo antes de recibir una de la mano que lanza dos. Las bolas cambian de mano siguiendo una misma línea de movimiento que se asemeja a un círculo.

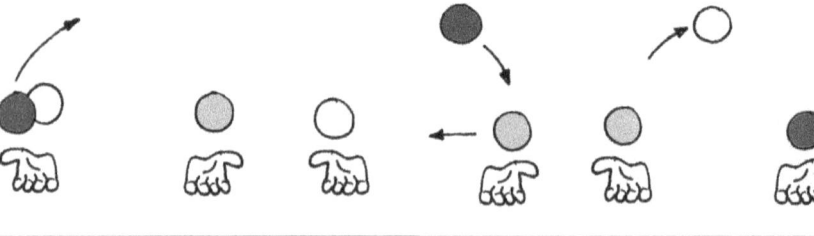

Flash de Ducha. Igual que el de cascada, pero ahora las bolas quedan en el aire formando la figura de la ducha sin que ninguna mano las toque.

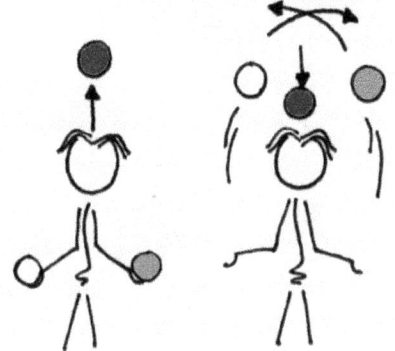

Tras mover tres bolas en cascada, lanzar una al aire y, cuando vaya a bajar, lanzamos las otras dos cruzándolas en el centro por encima de la anterior. Continuar el movimiento.

Utilizando tres pelotas de tenis, moverlas en cascada y lanzar una contra el suelo, recibirla, y continuar el movimiento.

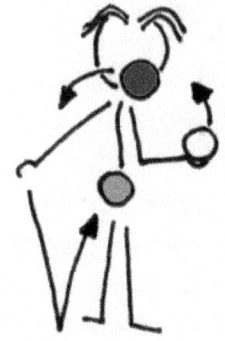

Por parejas, mover tres bolas en cascada. Un jugador utiliza la mano izquierda y el otro la derecha.

Igual que el ejercicio anterior, pero ahora los jugadores se colocan uno frente a otro.

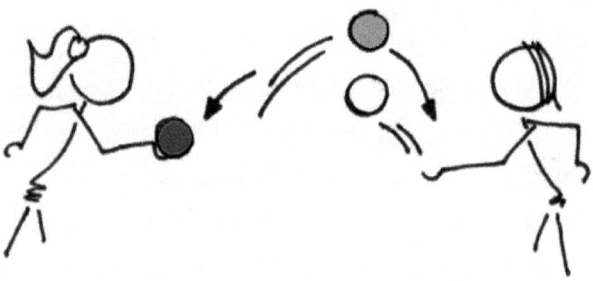

Realizar los trucos de cascada y ducha con balones de foam.

Por parejas, con tres bolas. Cada jugador se coloca frente a su compañero. El ejercicio consiste en mover las tres bolas pasándola por todas las manos como muestra la ilustración.

4 EJERCICIOS DE MALABARES CON BALONES DE DIFERENTES TAMAÑOS

Mantener en el aire un balón grande entre tres jugadores colocados en triángulo.

Por tríos, colocados en triángulo, mantener dos balones grandes en el aire.

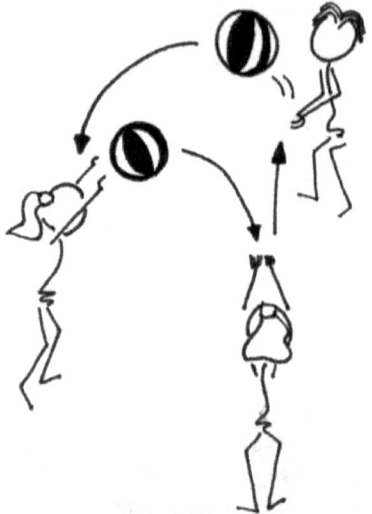

Por tríos, colocados en triángulo, mantener tres balones en el aire.

Por parejas, mantener dos balones grandes en el aire golpeándolos con diferentes partes del cuerpo.

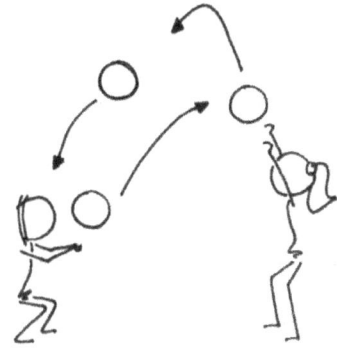

Por parejas, mantener tres balones grandes en el aire golpeándolas con diferentes partes del cuerpo.

Por tríos, colocados en fila, pasarse una pelota lanzándola con las dos manos de abajo arriba de frente al siguiente compañero. El último jugador lanza al primero para continuar el movimiento.

Por tríos, colocados en fila, pasarse una pelota lanzándola al siguiente compañero de espaldas con ambas manos. El último jugador lanza al primero para continuar el movimiento.

Por tríos, colocados en fila, mantener en el aire dos balones lanzándolos al siguiente compañero de frente con ambas manos de abajo arriba.

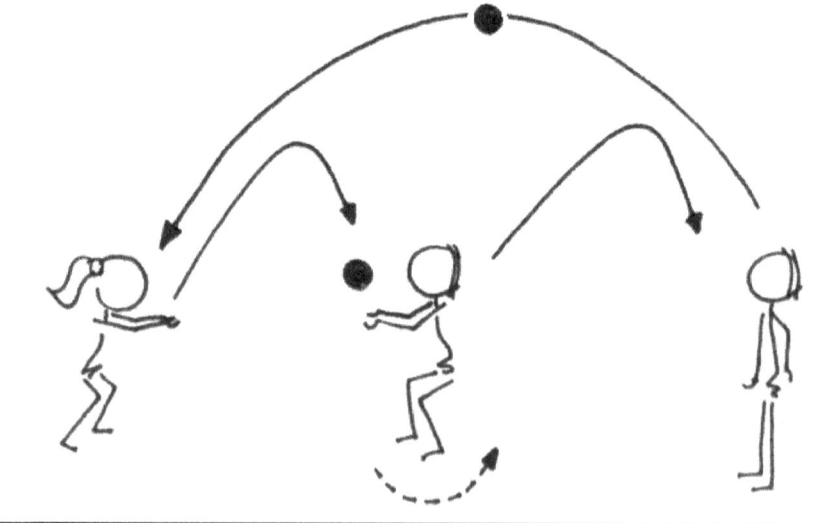

Por tríos, colocados en fila, mantener en el aire dos balones lanzándolos al siguiente compañero de espaldas con ambas manos de abajo arriba.

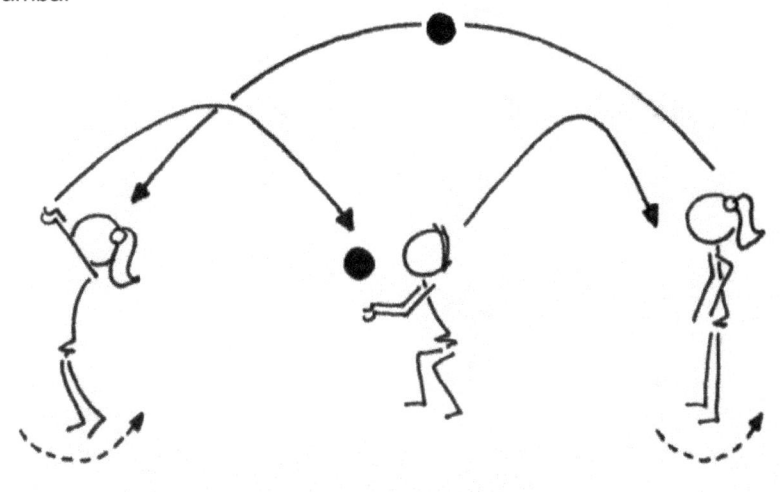

Por tríos, colocados en fila, el primer jugador lanza una pelota al segundo con las manos, éste la golpea de cabeza hacia el tercero, que la devuelve al primero también lanzando con las manos.

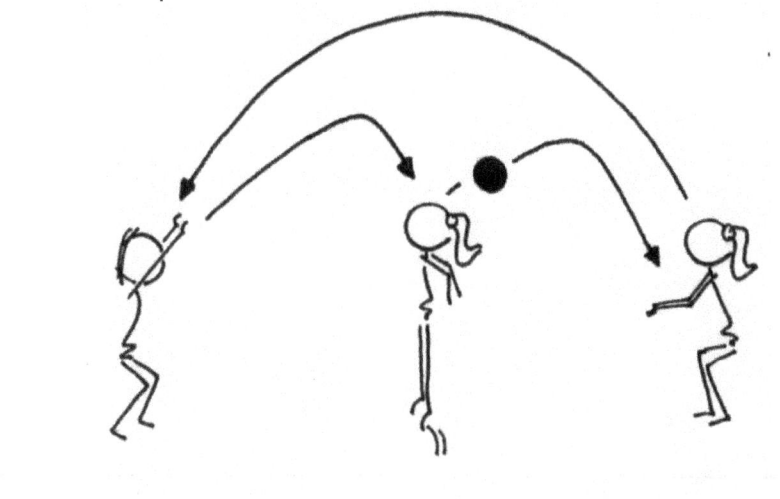

Por tríos, colocados en fila, el primer jugador lanza una pelota al segundo con las manos, éste la golpea de cabeza hacia el tercero, que la devuelve al primero lanzando con las manos entre las piernas del segundo.

Por parejas, el primer jugador lanza con las manos y el segundo la devuelve con los pies a ras de suelo sin dejarla botar.

En grupos de cuatro jugadores, lanzar un balón de alumno a alumno de espaldas.

En grupos de cuatro jugadores, con dos balones, realizar lanzamientos entre los compañeros pares e impares con las manos colocadas de frente.

En grupos de cuatro jugadores con un balón. El jugador número 1 lanza al 3, 3 pasa a 2, 2 pasa a 4, y 4 a 1 comenzando de nuevo la secuencia.

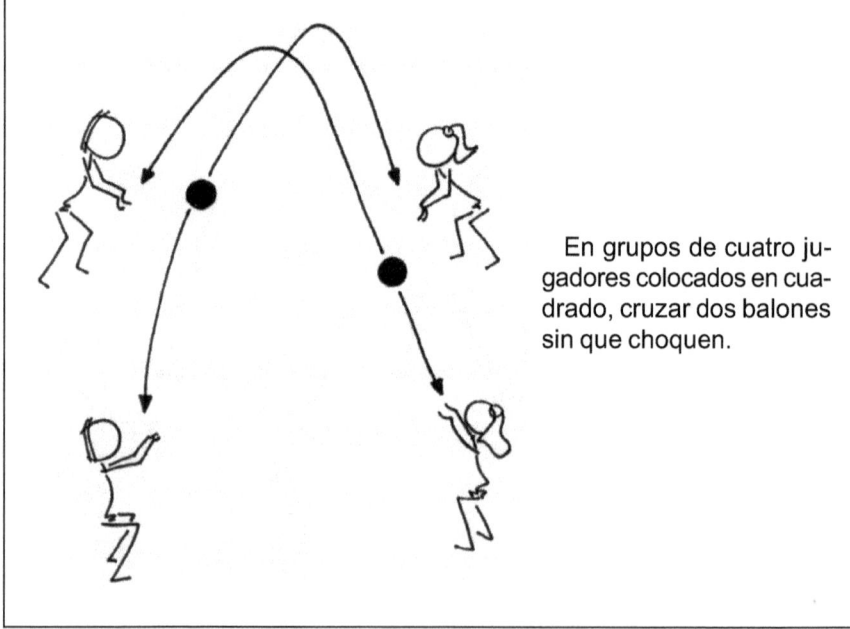

En grupos de cuatro jugadores colocados en cuadrado, cruzar dos balones sin que choquen.

En grupos de cuatro jugadores colocados en cuadrado, cruzar cuatro balones sin que choquen.

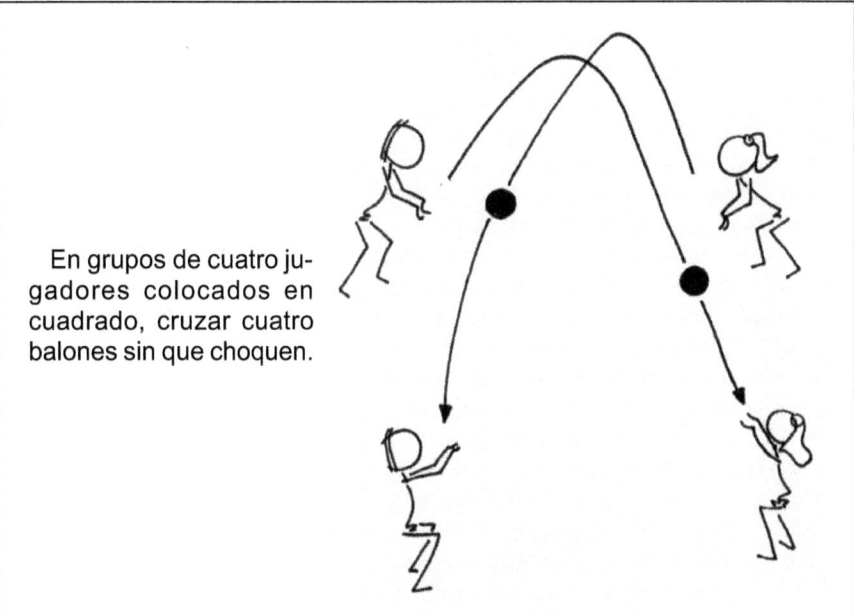

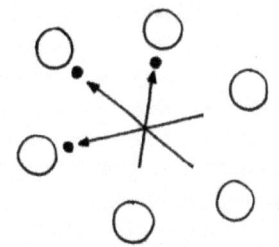

En grupos de seis jugadores colocados en círculo, cruzar tres balones sin que choquen.

En grupos de seis jugadores colocados en círculo, cruzar seis balones sin que choquen.

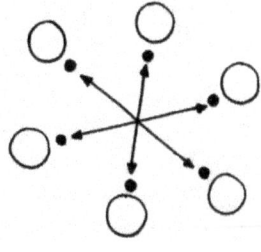

En grupo, todos colocados en círculo menos uno que se sitúa en el centro. El ejercicio consiste en golpear un balón de cabeza sin que caiga al suelo, tocándolo alternativamente el jugador del centro y un jugador del círculo exterior siguiendo el sentido de las agujas del reloj.

En filas enfrentadas, tocar de dedos sin que caiga el balón al suelo y volver a final de la fila.

En filas enfrentadas, golpear la pelota con la cabeza sin que caiga al suelo y volver al final de la fila.

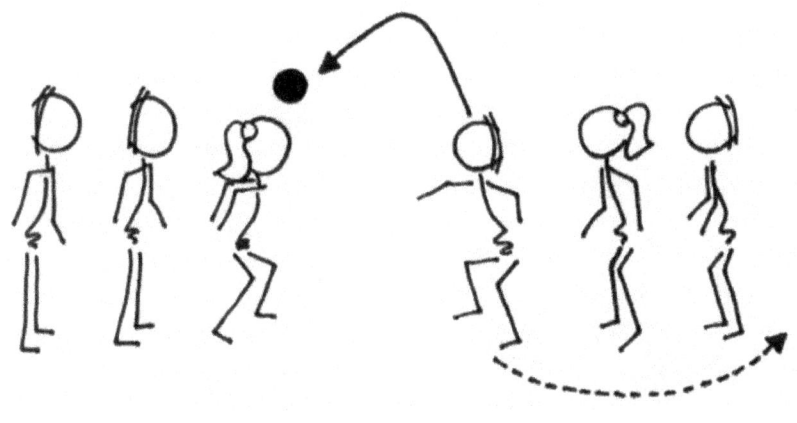

En filas enfrentadas, golpear la pelota con las piernas sin que caiga al suelo y volver al final de la fila.

Por parejas. Un compañero lanza la pelota al aire y el otro trata de atraparla con las manos por la espalda.

Por parejas. Un compañero lanza la pelota al aire y el otro trata de atraparla entre las rodillas antes de que caiga al suelo.

Por parejas. Un compañero lanza la pelota al aire y el otro trata de atraparla entre los pies.

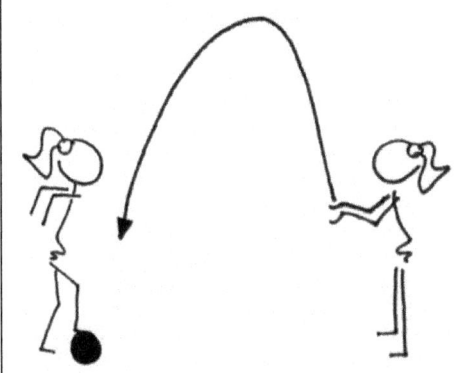

Por parejas. Un compañero lanza la pelota al aire y el otro trata de atraparla ente el suelo y un pie sin que llegue a botar.

Individualmente, mantener un balón en el aire golpeándolo con cualquier parte del cuerpo menos con las manos.

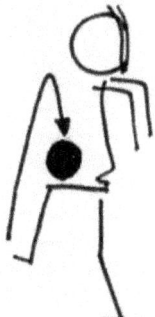

Con el balón atrapado entre los tobillos, dar una voltereta hacia delante y volver a levantarse sin que se nos escape.

Con el balón atrapado entre los tobillos, dar una voltereta hacia atrás y volver a levantarse sin que se nos escape.

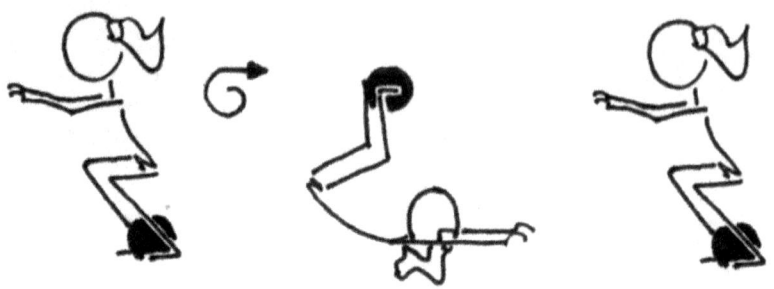

De pie, con un balón situado a una distancia adecuada, dar una voltereta hacia delante y atraparlo entre los tobillos para dar otra voltereta sin que se nos escape.

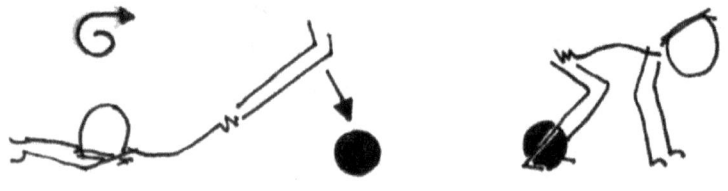

De pie, con un balón situado a una distancia adecuada a nuestra espalda, dar una voltereta hacia atrás y atraparlo entre los tobillos para dar otra voltereta sin que se nos escape.

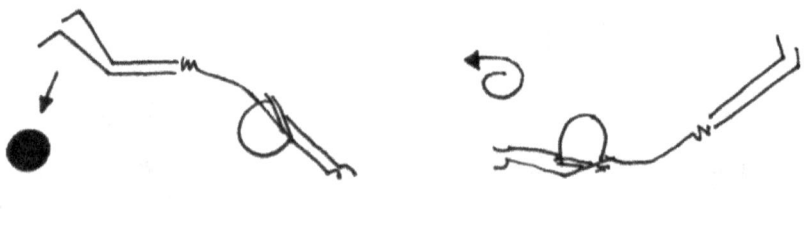

Con el balón atrapado entre los tobillos, dar una voltereta hacia delante y soltarlo hacia el compañero que está situado frente a nosotros.

Con el balón atrapado entre los tobillos, dar una voltereta hacia atrás y soltarlo hacia el compañero que está situado detrás nuestra.

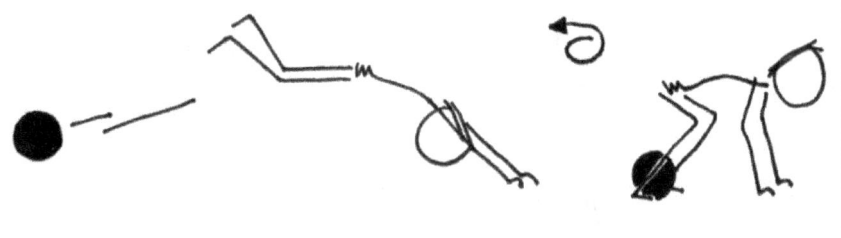

Con el balón atrapado entre los tobillos, saltar levantando las rodillas y soltarlo para recogerlo con las manos.

Con el balón atrapado entre los tobillos, saltar y levantarlo por la espalda lo más alto posible.

Tras recibir una pelota "rasa", meterle la puntera y levantarla con efecto, de modo que, al retroceder, podamos meternos bajo su trayectoria acostados o en cuclillas sin golpearla.

Por parejas, el primero lanza al compañero una pelota "rasa", y éste, perpendicular a su trayectoria, la levanta con el exterior del pie y la atrapa con las manos.

Pisando el balón con la planta del pie hábil, arrastrarlo hacia atrás rodándolo y colocándolo sobre el empeine. Desde esta posición se pasa por detrás de la pierna de apoyo (débil) y se lanza al frente.

Con el balón colocado entre los tobillos, subirlo con el pie hábil haciendo presión sobre el tobillo – gemelo de la pierna débil. Una vez que el balón está en el aire lo golpearemos con la planta del pie hábil contra el suelo para que bote delante nuestra.

Igual que el ejercicio anterior, pero esta vez lo golpeamos con la zona del talón, de modo que el balón quede botando detrás nuestra.

Individualmente. Lanzar un balón al aire con efecto, de modo que, al botar, venga hacia nosotros. El ejercicio consiste en agacharse dejando pasar el balón por arriba, girarnos, y correr atrás para recogerlo.

Por parejas. El primer jugador lanza el balón con efecto justo delante de su compañero. Al botar y volver en la dirección opuesta, el segundo jugador se agacha para no tocar el balón.

Mantener un balón el aire golpeándolo repetidas veces con el exterior del pie.

Mantener un balón el aire golpeándolo repetidas veces con el interior del pie.

Mantener un balón el aire golpeándolo repetidas veces con el interior y exterior del pie.

Golpear un balón con el hombro repetidas veces sin que caiga al suelo.

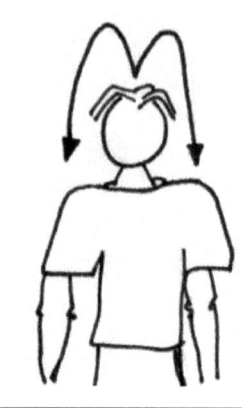

Golpear un balón pasándolo de hombro a hombro sin que caiga al suelo.

Golpear un balón sin que caiga al suelo intentando realizar la siguiente secuencia: HOMBRO DERECHO – CABEZA – HOMBRO IZQUIERDO.

Golpear un balón sin que caiga al suelo intentando realizar la siguiente secuencia: EXTERIOR PIE DERECHO – HOMBRO DERECHO – CABEZA – HOMBRO IZQUIERDO – EXTERIOR PIE IZQUIERDO.

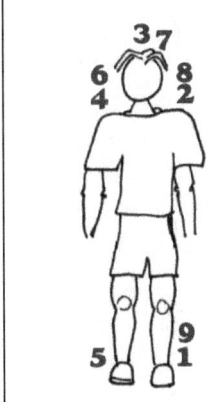

Igual que el ejercicio anterior, pero ahora intentamos realizar la secuencia completa ida y vuelta.

Por parejas, el primero lanza el balón al aire hacia su compañero y éste se lanza hacia delante golpeándolo con los talones. Si es necesario colocaremos una colchoneta de protección.

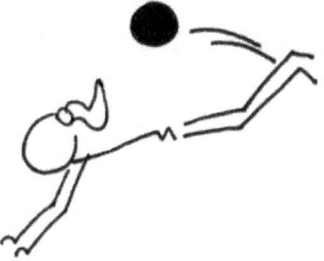

Levantar un balón con el interior del pie contrario a la dirección del lanzamiento.

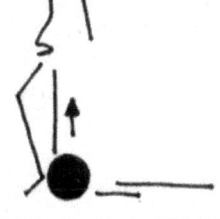

Levantar un balón golpeándolo con el interior del pie contrario a la dirección del lanzamiento y seguidamente con el interior del otro pie.

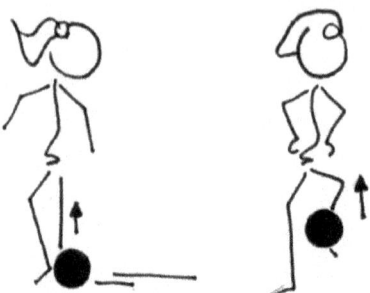

Levantar un balón golpeándolo con el interior del pie contrario a la dirección del lanzamiento y seguidamente con el exterior del otro pie.

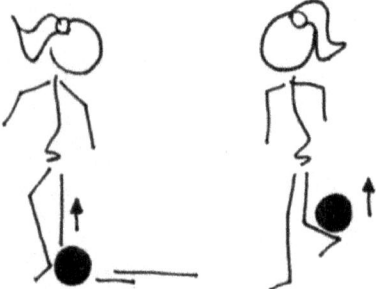

Mantener un balón en el cuello tras inclinarnos y arquear la espalda con los brazos en cruz.

Desde la posición del ejercicio anterior, desplazarse por el terreno dejuelo o agacharse y hacer una flexión de brazos.

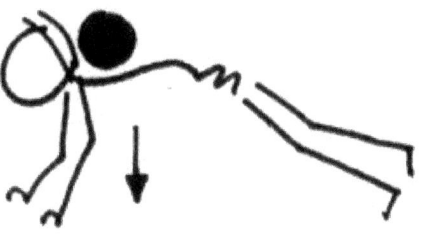

Lanzar un balón al aire y recibirlo en el cuello tras inclinarnos.

Con un balón de voleibol, lanzarlo al aire y colocar la mano abajo justo cuando vaya a caer. A continuación nos levantamos y lo cogemos antes de que bote por segunda vez.

Por parejas, el primero lanza el balón al compañero y el segundo se lanza en "plancha" hacia delante, intentando atraparlo con los pies por atrás.

Por grupos, cada jugador con un balón, colocados en círculo. A la voz de "YA" botamos el balón y damos un paso a la derecha para recoger el del compañero antes de que caiga al suelo. ¿Qué grupo realiza los cambios más rápidos y con mayor coordinación?

5 EJERCICIOS DE MALABARES CON BALONES DE BALONCESTO

Individualmente con un balón de baloncesto, hacerlo girar por la espalda pasándolo de mano derecha a izquierda y viceversa.

Individualmente, botar un balón de baloncesto y pasarlo por la espalda.

Individualmente, botar un balón y pasarlo entre las piernas.

Cada jugador con un balón de baloncesto, agacharse y hacerlo girar entre las piernas en forma de "ocho".

En carrera, botar el balón pasándolo entre las piernas y a continuación lanzarlo por la espalda.

Botar un balón fuerte contra el suelo y pasar por debajo, dejar que bote y volver atrás haciéndolo pasar entre las piernas para atraparlo con las manos.

Individualmente botando el balón en el sitio, hacer un gancho y botar el balón desde encima de la cabeza.

En carrera botando el balón, saltar y lanzar el balón por la espalda, entre las piernas, con las dos manos.

Por parejas, desplazarse por el terreno de juego botando el balón y pasándoselo por encima de la cabeza en forma de gancho.

Individualmente con un balón de baloncesto. Tras extender los brazos paralelos, dejar caer el balón desde las manos hacia los hombros y al revés, lanzando de nuevo el balón al aire.

Con el balón en una mano, flexionar el brazo y golpearlo con el bíceps para recibirlo de nuevo con la mano.

Mantener un balón de baloncesto haciéndolo girar sobre la punta del dedo índice de la mano hábil.

Individualmente con un balón de baloncesto, lanzarlo hacia arriba con una mano y pasar la otra entre el balón y la mano de forma continua.

Por parejas, pasarse el balón por la espalda sin que bote.

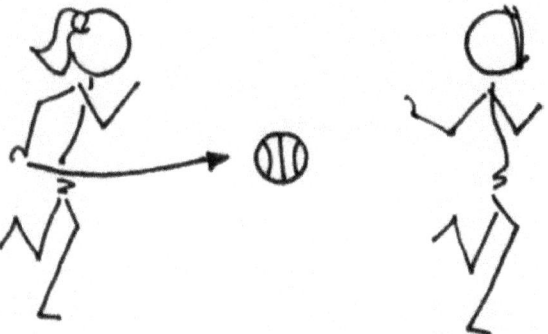

Por parejas, desplazándose por el terreno de juego botando el balón de baloncesto, pasar al compañero de atrás entre las piernas y colocarse detrás suyo para continuar la secuencia.

Lanzar un balón al aire haciéndolo girar lo máximo posible para que cambie de dirección al botar.

Lanzar un balón al aire haciéndolo girar y hacer que pase entre las piernas para continuar botándolo.

Con lo brazos en círculo, hacer rodar el balón por ellos manteniéndolo el máximo tiempo posible.

Individualmente, amagar un pase de pecho dejando el balón en el aire golpeándolo con los bíceps y atrapándolo de nuevo con las manos.

Todos los alumnos de un grupo colocados en dos círculos (los pares forman un círculo exterior y los impares uno interior) A la voz de "YA" los pares botan el balón de baloncesto y los impares se desplazan a la derecha pasando por debajo de éste sin tocarlo.

Variante: además de desplazarse los impares, los pares dan un paso a la izquierda y atrapan el balón de su compañero antes de que caiga al suelo.

En dos filas enfrentadas, pasarse un balón de baloncesto en suspensión de la forma más rápida posible. El jugador que salta vuelve al final de su fila.

Todos los jugadores en fila. El primer jugador se desplaza hacia la canasta botando el balón y lo lanza contra el tablero. El segundo jugador salta detrás del primero en suspensión, atrapa el balón, y lo vuelve a lanzar contra el tablero. El último de los jugadores lanza a canasta en suspensión tratando de encestar.

Cada jugador con un balón. Desplazarse hacia la canasta, pasarla por la espalda y lanzar.

Igual que el ejercicio anterior, pero esta vez saltamos y pasamos el balón por debajo de una pierna antes de lanzar a canasta.

Por tríos, el primero entra a canasta y lanza la pelota contra el tablero, el segundo coge el balón en el aire y lo pasa al tercero entre las piernas para que éste enceste.

6 EJERCICIOS DE MALABARES CON PICAS O MAZAS

Con una pica en una mano, lanzarla al aire dando medio giro. Practicar el ejercicio con ambas manos de forma independiente.

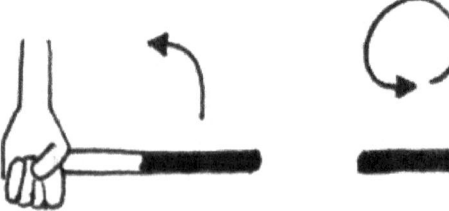

Igual que el ejercicio anterior, pero esta vez la pica realiza un giro completo.

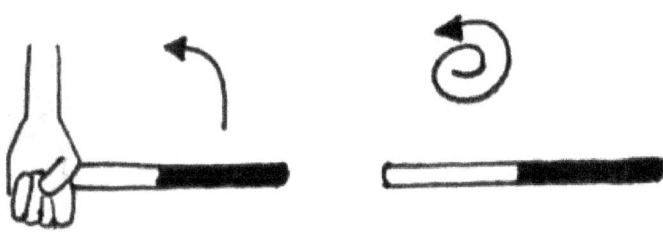

Igual que los ejercicios anteriores, pero ahora practicamos lanzamientos en los que la pica da un giro y medio, y dos giros.

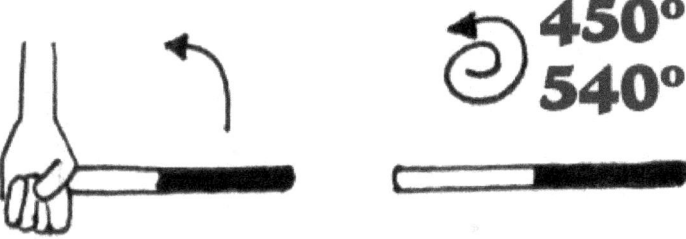

Con una pica en una mano, lanzarla a la mano contraria atrapándola después de haber dado un giro completo.

Con una pica en cada mano, lanzar la primera hacia la mano contraria dando un giro completo, y, en el momento en el que vaya a caer, lanzamos la segunda pica hacia la mano libre también con un giro completo.

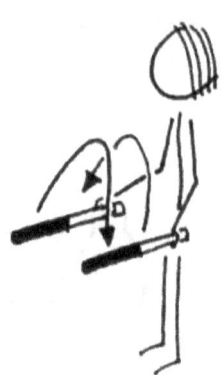

Mantener tres picas en el aire haciendo el movimiento que hemos denominado "Cascade", girando cada una 360º en cada vuelo.

Mantener una pica larga sobre una mano sin mover los pies del sitio. ¿Quién la aguanta más tiempo?

Igual que el ejercicio anterior, pero esta vez nos podremos desplazar por el terreno de juego.

Mantener una pica en cada mano el mayor tiempo posible.

Tras mantener una pica de pie sobre la mano, lanzarla al aire y recibirla sin que caiga al suelo.

Igual que el ejercicio anterior, pero esta vez hacemos girar la pica 180º y 360º.

Tras mantener una pica de pie sobre la mano, lanzarla al aire dándole un giro de 180º o 360º, y recibirla sobre la palma de la mano contraria sin que caiga al suelo.

Por parejas, lanzarse una pica dándole un giro de 180º, manteniéndola sobre la palma de la mano en equilibrio sin que caiga al suelo.

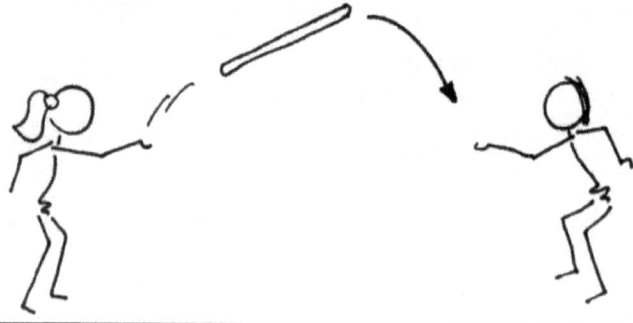

Igual que el ejercicio anterior, pero ahora utilizaremos dos picas, una cada alumno, que se intercambiarán a la voz de "YA".

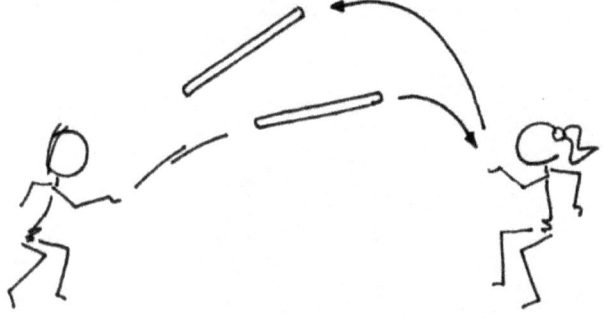

Mantener una pica sobre el empeine el mayor tiempo posible.

Tras mantener una pica en equilibrio sobre el empeine, lanzarla hacia arriba y recibirla con la palma de la mano.

Por parejas. El primero, de espaldas a su compañero, le lanza una pica para que éste la reciba con la palma de la mano sin que caiga al suelo.

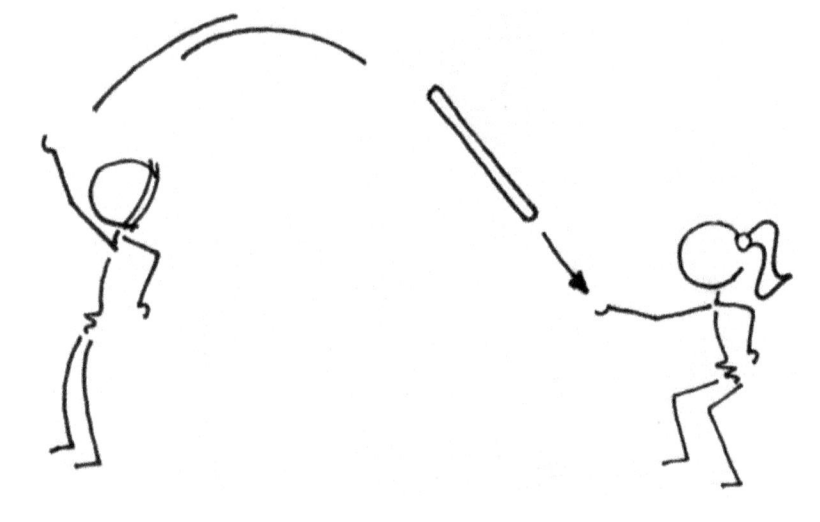

Hacer girar una pica entre los dedos de una mano a la mayor velocidad posible.

7   EJERCICIOS DE MALABARES CON CUERDAS

Saltar una cuerda individualmente hacia delante.

Saltar una cuerda individualmente haciéndola girar hacia atrás.

Saltar una cuerda a pata coja dando cinco saltos con cada pierna. También podemos probar otras combinaciones como: 2 IZDA – 2 DCHA, 1 IZDA – 2 DCHA…

Saltar a la comba y cruzar los brazos cuando la cuerda pase por delante nuestra sin perder la coordinación.

Saltar una cuerda por parejas como muestra la ilustración.

Igual que el ejercicio anterior, pero ahora un alumno mira hacia delante y el otro hacia atrás.

Mientras dos alumnos hacen girar la cuerda, el resto entra y sale sin interrumpir el movimiento. Se puede establecer que cada alumno tenga que dar como mínimo 3 o 5 saltos dentro de la comba.

Tras agarrar una cuerda por un cabo y hacerla girar, lanzarla al aire y atraparla por cualquiera de sus extremos antes de que caiga al suelo.

Practicaremos el ejercicio anterior por parejas intercambiándonos una o dos cuerdas, dependiendo de la habilidad de nuestros alumnos.

Lanzar la cuerda al aire y cogerla por uno de sus cabos antes de que caiga al suelo. A continuación tiramos de la cuerda y atrapamos el otro extremo con la otra mano. Desde esta posición comenzar a saltar a la comba.

Girar dos cuerdas, una en cada mano, de forma alternativa.

Todos los jugadores en círculo bailando cuerdas como muestra la ilustración. El resto de jugadores entran en una comba, dan 5 saltos y salen de la misma para entrar en la siguiente comba.

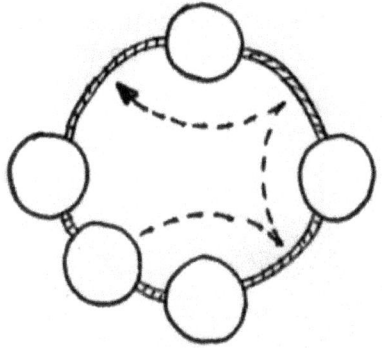

Por tríos. Los dos primero bailan una cuerda grande, mientras que el tercero salta otra comba dentro de la primera.

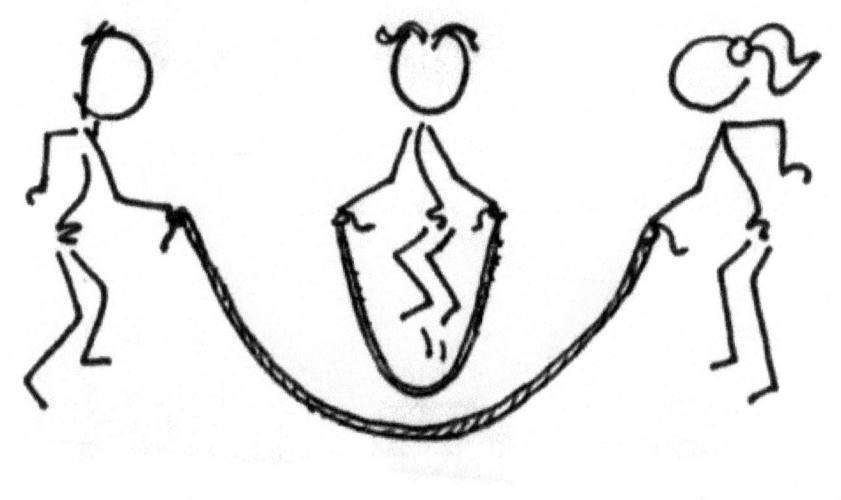

8 — EJERCICIOS DE MALABARES CON TACOS DE MADERA

Con tres tacos de madera o con objetos similares, lanzar el de en medio hacia arriba y atraparlo de nuevo sin que caiga al suelo.

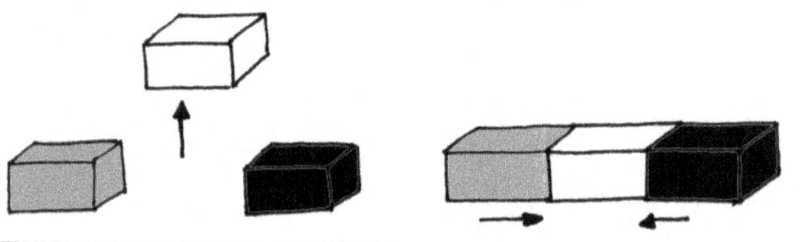

Igual que ejercicio anterior, pero esta vez lanzamos el de en medio y lo atrapamos colocando un taco arriba y oro debajo.

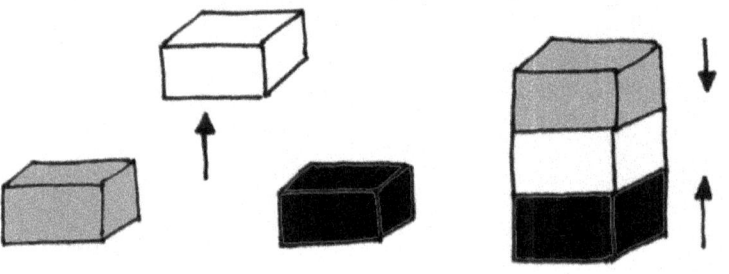

Lanzar al aire el taco del centro y recibirlo sobre los otros dos.

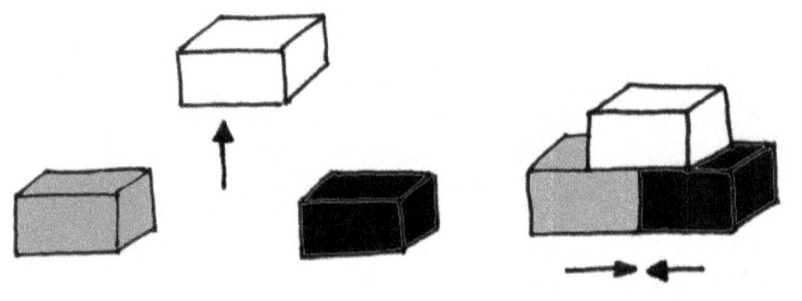

Tras lanzar al aire el taco del centro y esté bajando, lanzaremos el de la mano derecha hacia el medio, atraparemos el del centro con la mano derecha que ha quedado libre, y recibiremos el taco lanzado en segundo lugar entre los otros dos.

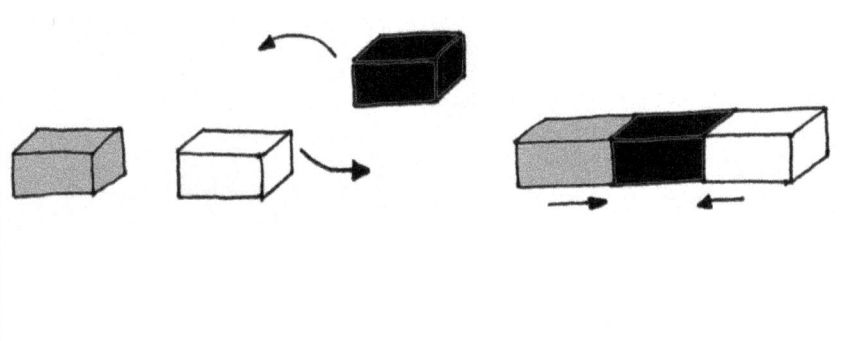

Lanzar el taco del centro hacia arriba haciéndolo girar 90°, 180°, y 360° respectivamente, y recibirlo entre los otros dos sin que caiga al suelo.

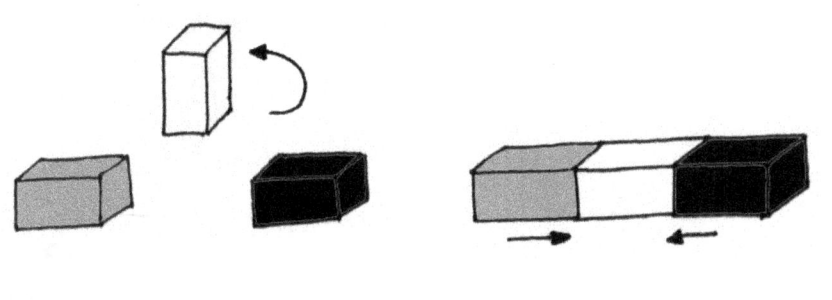

9 EJERCICIOS DE MALABARES CON AROS

Bailar un aro con la cintura durante el mayor tiempo posible.

Bailar dos o más aros con la cintura. ¿Quién baila más aros durante más tiempo?

Bailar un aro sobre una mano. Practicar el ejercicio con ambas manos.

Bailar un aro con un pie a medida que nos desplazamos. Practicar el ejercicio con ambos pies.

Atrapando el borde del aro con las dos manos, hacerlo girar y saltar para entrar en él sin interrumpir el movimiento.

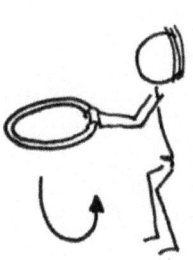 

Bailar dos aros a la vez, una en cada mano, sin perder la coordinación.

Lanzar el aro al aire y recogerlo con una mano antes de que caiga al suelo.

Lanzar un aro hacia delante con efecto hacia atrás y recogerlo cuando vuelva a nosotros.

Por parejas, un jugador lanza el aro hacia delante con efecto, y el compañero intenta entrar por él sin interrumpir su desplazamiento.

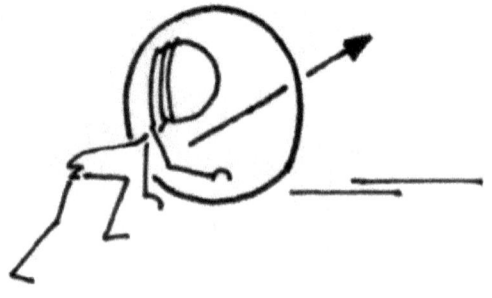

Por parejas, el primero lanza el aro al aire y el segundo lo recoge antes de que caiga al suelo y lo baila con una mano.

Por parejas, el primero lanza el aro al aire y el segundo se mete dentro y lo baila con la cintura antes de que caiga al suelo.

10   EJERCICIOS DE MALABARES CON TELAS Y TOALLAS

Por parejas, cada uno cogiendo de los extremos de una toalla, mantener una pelota en el aire lanzándola de forma consecutiva.

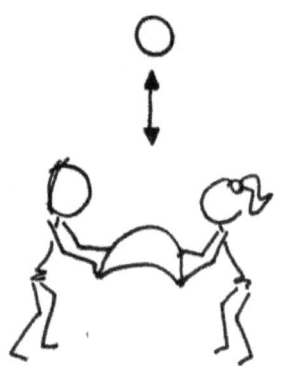

En grupos de cuatro jugadores, igual que el ejercicio anterior, pero esta vez nos pasamos el balón de pareja a pareja sin caerlo al suelo.

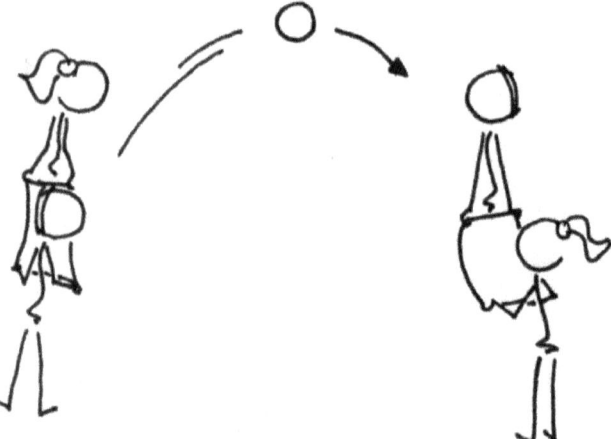

Variante: la pareja que recibe el balón la controla con la toalla y después la lanza.

En la misma disposición que el ejercicio anterior, intercambiarse dos balones sin que caigan al suelo.

En parejas, mantener dos balones en el aire impulsándolos con una toalla abierta que utilizamos como cama elástica.

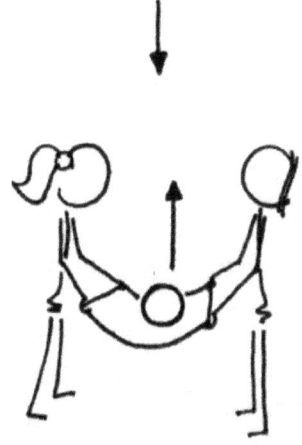

Individualmente, mantener dos pañuelos de tela en el aire.

Igual que el ejercicio anterior, pero ahora realizaremos el ejercicio con tres pañuelos.

Por grupos, cada jugador con un pañuelo, colocados en círculo. A la voz de "YA" lanzamos el pañuelo al aire y damos un paso a la derecha para recoger el del compañero. ¿Qué grupo realiza los cambios más rápidos y con mayor coordinación?

11 EJERCICIOS DE MALABARES CON PALAS

Por parejas, golpear una pelota de formas variadas sin que caiga al suelo.

Por parejas. El primero golpea la pelota hacia su compañero con trayectoria firme hacia delante, y éste la devuelve bombeada.

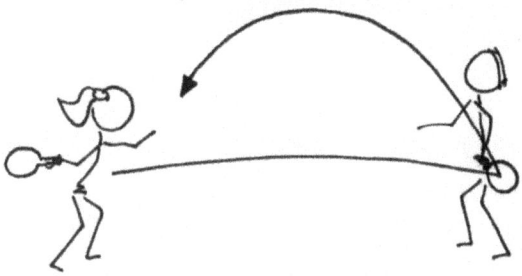

Por parejas, mantener dos bolas en el aire golpeándolas con las palas.

Por parejas, separados a una distancia amplia. Lanzar la pelota al compañero para que éste la controle y después la devuelva al primer jugador.

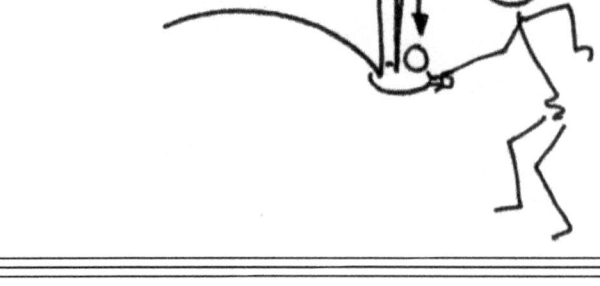

En tríos. El primero pasa la pelota al segundo, éste la envía de espaldas al tercero que la devuelve al primero.

En grupos de cinco jugadores, cada uno con una pala. Mantener dos bolas en movimiento pasándola siempre al compañero de la derecha.

Por tríos. El primero pasa la pelota al segundo, éste la golpea con efecto hacia atrás por encima de su cabeza y se da la vuelta para enviársela al tercero.

En grupos de cinco jugadores, colocados como muestra la ilustración, mantener una, dos o tres bolas en el aire.

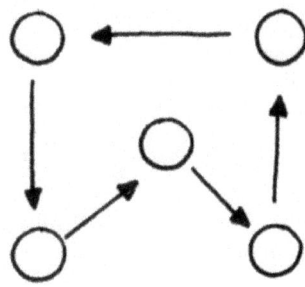

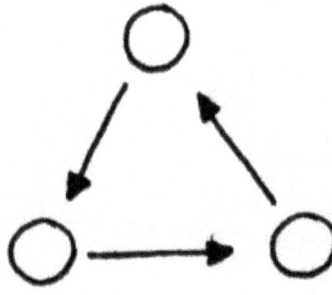

En tríos, colocados como muestra la ilustración, mantener una, dos o tres bolas en el aire.

En grupos de cuatro jugadores, colocados como muestra la ilustración, mantener una, dos o tres bolas en el aire.

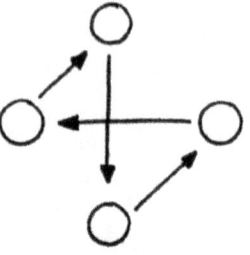

En fila, frente a una pared, golpear la pelota contra ésta y volver al final de la fila. La pelota puede dar un bote en el suelo entre jugador y jugador.

Igual que el ejercicio anterior, pero esta vez la pelota no puede dar ningún bote.

Golpear de derecho y de revés alternativamente, cambiando de posición lo más rápido posible.

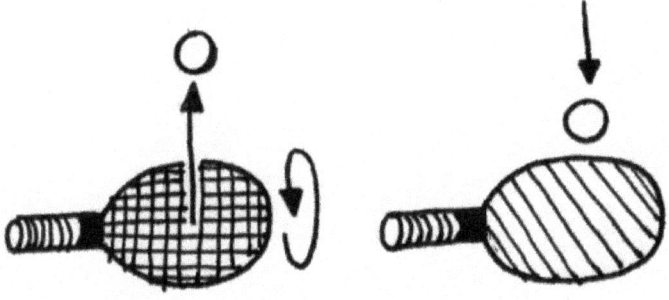

12 EJERCICIOS DE FOOTBAG

Golpear la pelota con el empeine sin que caiga al suelo.

Golpear la pelota con el exterior del pie sin que caiga al suelo.

Golpear la pelota con el interior del pie sin que caiga al suelo.

Golpear la pelota con el tacón.

Golpear la pelota con el muslo sin que caiga al suelo.

Atrapar la pelota entre los pies y saltar para levantarla y continuar golpeándola.

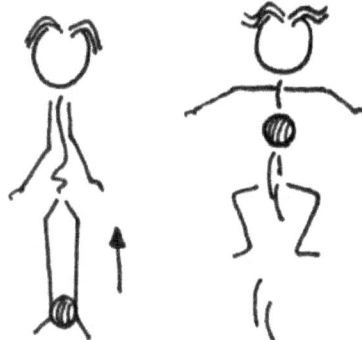

Por parejas, pasarse una pelota manteniéndola en el aire mientras la golpeamos con cualquier parte de las piernas.

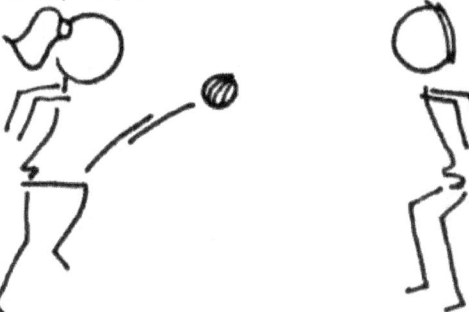

En dos filas enfrentadas, mantener una pelota en el aire golpeándola con cualquier parte de las piernas.

Tras golpear una pelota con diferentes partes de las piernas, lanzarla al aire y golpearla con la cabeza.

Tras golpear una pelota con diferentes partes de las piernas, lanzarla al aire y mantenerla sobre la cabeza.

Individualmente, por parejas, o en grupo. Organizaremos una competición para ver quién da más golpes seguidos a la pelota.

Por parejas. Acordar una secuencia de golpeos de menor a mayor dificultad. A medida que se vaya consiguiendo una secuencia se añade otro golpeo (Ej: empeine derecho, muslo derecho, empeine izquierdo, muslo derecho, cabeza)

13 EJERCICIOS DE MALABARES CON CARIOCAS

Con una carioca en una mano, hacerla girar hacia delante y hacia atrás a diferentes velocidades. Practicar con ambas manos.

Con una carioca en cada mano, hacerlas girar a la vez hacia delante.

Con dos cariocas, girarlas hacia atrás al mismo tiempo.

Con una carioca en cada mano, girar una hacia delante y la otra hacia atrás.

Con una carioca, hacerla girar por delante nuestra.

Con una carioca, girarla paralela al suelo por encima de nuestra cabeza.

Con una carioca, hacerla girar por encima de la cabeza y después, tras dar un salto, girarla por debajo de las piernas.

Girar una carioca por un lado y después, tras cruzarla por delante, girarla por el lado contrario en un movimiento continuo.

14 EJERCICIOS DE MALABARES CON GLOBOS

Mantener un globo en el aire golpeándolo con cualquier parte del cuerpo.

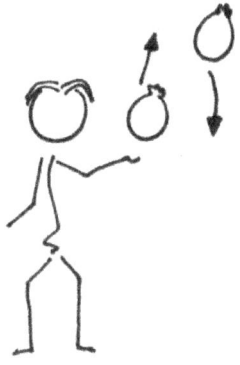

Individualmente, mantener dos globos en el aire durante el mayor tiempo posible golpeándolo con cualquier parte de nuestro cuerpo.

Por parejas, mantener un globo en el aire golpeándolo con los pies.

Por parejas, mantener dos globos en el aire golpeándolo con cualquier parte del cuerpo.

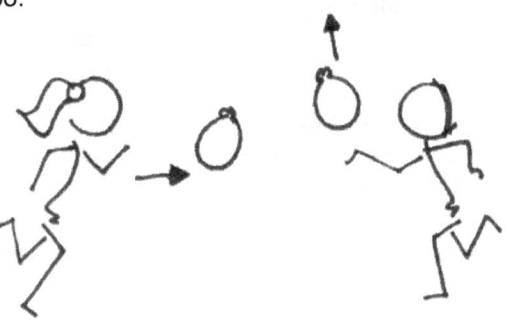

> En grupos de cinco jugadores, mantener siete globos en el aire golpeándolo con diferentes partes del cuerpo. ¿Quién los mantiene más tiempo?
>
>

15 ORGANIZACIÓN DE GRANDES EVENTOS

En este último capítulo del libro hemos querido incluir tres propuestas ("El Circo", "Campeonatos Universales de Malabarismo", y "MiniOlimpiada") en la que se ponen en práctica los ejercicios de malabares que los alumnos han aprendido. El punto en común que tienen las dos primeras es que los alumnos deben combinar diferentes ejercicios, figuras, movimientos, y objetos, para crear una coreografía lo más espectacular posible. Mientras que en "El Circo" lo que se pretende es la mera representación de los ejercicios, en los "Campeonatos Universales de Malabarismo" se añade el componente COMPETICIÓN, que puede dotar al evento de una mayor implicación y creatividad. La tercera propuesta, "MiniOlimpiada", es algo más parecido a un juego de pistas en la que los alumnos deben ir rotando por postas, zonas, o pruebas, compitiendo con el resto de grupos para conseguir el mayor número de puntos.

A continuación pasamos a describir cada uno de los eventos más detalladamente.

15.1. EL CIRCO

- **Organización de la clase:** una adecuada organización / estructuración física del aula nos facilitará el desarrollo de la actividad, haciendo más fluidos los cambios de material, liberando el espacio de representación, y permitiendo la observación de todas aquellas personas que acuden como público. Por ello proponemos establecer tres zonas diferenciadas:

    - *ZONA 1. "LA PISTA DEL CIRCO".* Esta primera zona está destinada a la representación de los números de malabares de cada grupo de alumnos. Aconsejamos utilizar una superficie de 20 x 20 m., lisa, y libre de obstáculos. Nos puede servir el suelo de una pista polideportiva de cemento, un tatami, o el parquet de un gimnasio cubierto.

    - *ZONA 2. "GRADAS".* En este espacio se ubicarán los espectadores que, como ya hemos dicho, pueden ser los padres que acuden a visitar nuestra actividad, alumnos de otros cursos, o los propios alumnos que esperan su turno para actuar. Las gradas estarán situadas alrededor de la pista del circo o en uno de sus laterales, pero deben permitir que todo el público vea las representaciones sin problemas. Un sistema útil cuando hay muchos espectadores es establecer tres niveles de asientos: en el primero los alumnos se sientan en el suelo; en el segundo, y justo detrás de los alumnos sentados en el suelo, se coloca una fila de bancos suecos, que permiten una visión algo más elevada; el tercer nivel, tras los dos anteriores, está formado por una fila de sillas.

    - *ZONA 3. "ALMACÉN".* En él estarán colocados todos los materiales que son necesarios para las representaciones de todos los grupos. Si disponemos de unidades suficientes de todos los elementos, los dispondremos separados para que cada grupo los coja cuando les toque su turno.

- **Decoración:** tanto el profesor como los alumnos irán disfrazados de personajes del circo. Mientras que el profesor puede ocupar el lugar del presentador e ir vestido con un frac y sombrero de copa, los alumnos pueden optar por disfrazarse de animales, payasos, hombres-bala...

- **Desarrollo de la actividad:** el grupo / clase se divide en subgrupos de 5 o 6 alumnos, y cada uno prepara tanto la coreografía de malabares como sus disfraces y el maquillaje. La duración de cada representación depende de varios factores como: habilidad de nuestros alumnos (a menor habilidad menor tiempo de actividad), tiempo total de la sesión (si se realiza en una clase de Educación Física dispondremos de unos 50 minutos aproximadamente, aunque si la desarrollamos en horario extraescolar puede ocuparnos 1h. 30' o 2 h.) No se busca la competición entre los grupos, sino la capacidad de los alumnos de trabajar en equipo con eficacia.

15.2. CAMPEONATOS UNIVERSALES DE MALABARISMO

- **Organización de la clase:** para este evento nos servirán las tres zonas establecidas en el apartado anterior:

    o ZONA 1. *"TERRENO DE JUEGO"*.

    o ZONA 2. *"GRADAS"*.

    o ZONA 3. *"ALMACÉN"*.

- **Decoración:** cada grupo de alumnos prepara una equitación igual para todos sus componentes, además de una bandera que utilizarán en el desfile de inauguración de los juegos. Se puede establecer que cada grupo sea un país.

- **Desarrollo de la actividad:** cada país dispone de 3 minutos para realizar una coreografía establecida por el profesor y que han practicado previamente durante varias sesiones. En un segundo momento, tras el ejercicio obligatorio, cada país ejecutará otra coreografía de 1 minuto y 30 segundos de duración inventada por ellos mismos. El profesor, o el jurado designado, puntuará los dos ejercicios de cada país y harán la media, obteniendo la puntuación final y determinando el ganador del campeonato.

15.3. MINIOLIMPIADA

- **Organización de la clase:** en este caso no se puede establecer el lugar exacto donde se va a desarrolla la actividad, ya que pueden ser tan variadas que podrían ejecutarse en pistas polideportivas, el recreo, todo el centro incluyendo las aulas...

- **Decoración:** al tratarse de un juego por equipos se puede utilizar el mismo sistema que en el apartado anterior, es decir, equitaciones iguales para los miembros de un mismo equipo y banderas o pancartas para utilizar en los desfiles.

- **Desarrollo de la actividad:** debido a la gran variedad de actividades que pueden formar parte de esta miniolimpiada, se pueden establecer varias sesiones de competición a través de las cuales los grupos vayan sumando puntos o "medallas", ejecutando una o dos actividades por sesión. Algunas de las actividades que proponemos son:

    o *Fútbol / Baloncesto:* los equipos disputarán un campeonato de estos dos deportes. Los árbitros, además de hacer valer las reglas del juego, controlarán las acciones de malabares que realizan los alumnos durante los partidos otorgándoles una puntuación añadida a los goles o canastas (Por ejemplo, en baloncesto, dar una asistencia por la espalda o entre las piernas podría sumar 1 punto a la canasta que ha marcado el alumno)

- *Gimnasia Artística:* en este deporte los alumnos se prepararían una coreografía que el profesor les haya enseñado y tratarían de ejecutarla sin errores.

- *Carrera de orientación:* cada grupo se desplaza por el terreno de juego con un mapa encontrando cada posta. En cada una de ellas hay un ejercicio de malabares que deben ejecutar correctamente antes de ir al siguiente punto de control.

BIBLIOGRAFÍA

- Bernal Ruiz, J. y Bernal Valderrama Mª A. (2002) Juegos y Deportes con Material Alternativo. Wanceulen Editorial Deportiva S.L. Sevilla.

- Blandez Ángel, J. (1998) La utilización de material y de espacio en educación física. Propuestas y recursos didácticos. INDE Publicaciones. Barcelona.

- Martín Gómez, M. (1995) Educación del ocio y tiempo libre con actividades físicas alternativas. Editorial Esteban Sanz, S.L. Madrid.

- Torres Guerrero, J. y Rivera García, E. (1884) Juegos y deportes alternativos y adaptados en educación primaria. Editorial Proyecto Sur. Granada.

- Virosta, A. (1994) Deportes Alternativos en el ámbito de la educación física. Editorial Gymnos. Madrid.

- VV.AA. (1997) Los materiales didácticos de educación física. Wanceulen Editorial Deportiva S.L. Sevilla.

www.ingramcontent.com/pod-product-compliance
Lightning Source LLC
Chambersburg PA
CBHW071739090426
42738CB00011B/2528